Extrait du regiſtre des délibérations de la Société populaire de Dijon, du 18 août 1793, l'an deuxième de la république françaiſe, une, indiviſible, & le premier de la conſtitution démocratique.

Cette ſéance étoit deſtinée à l'inauguration du buſte de Michel Lepelletier.

LE dimanche 18 août, la ſociété populaire de Dijon, aſſemblée en ſa ſalle de lecture ; les Corps conſtitués s'étant rendus à l'invitation qui leur en avoit été faite pour l'inauguration du buſte du vertueux Lepelletier, mort aſſaſſiné pour avoir voté la mort du dernier des tyrans de France.

Sur l'heure de cinq après midi, le cortége eſt ſorti de la ſalle, & la marche a été obſervée ainſi qu'il ſuit :

Cinquante citoyens de la garde nationale armés ont ouvert la marche, précédés d'une muſique compoſée d'une quantité immenſe d'amateurs & de gens de l'art. Ils étoient ſuivis de deux citoyens en uniforme de garde national, portant un médaillon orné de guirlandes de chênes, fur lequel étoit infcrit les dernières paroles de Michel Lepelletier, conçues en ces termes : JE SUIS SATISFAIT DE VERSER MON SANG POUR LA PATRIE, PUISQU'IL SERVIRA A CONSOLIDER LA LIBERTÉ ET L'ÉGALITÉ, ET A FAIRE CONNOITRE SES ENNEMIS.

Suivoit le bufte de Lepelletier, porté fur un brancard par deux grenadiers en uniforme. Une couronne de chêne ornoit fa tête : aux quatre coins du brancard étoient fufpendues des guirlandes de chênes portées par de jeunes citoyens fe deftinant à la défenfe de la patrie ; à chaque côté du bufte étoit un trépied porté par des gardes nationaux, auffi orné de guirlandes de chênes, chacun portant un vafe, fur lefquels a été brûlé l'encens pendant toute la durée de la marche : immédiatement derrière le bufte, marchoient enfemble les deux fociétés populaires des citoyens & citoyennes de cette ville, ayant à leurs têtes leurs préfident & préfidente.

De fuite marchoient pêle-mêle les autorités conftituées, décorées chacunes de leurs marques diftinctives.

La marche a été fermée par cinquante citoyens de la garde nationale armés.

La haie étoit bordée, tant par les vétérans décorés de leurs écharpes & armés de leurs piques, que par les jeunes citoyens se dévouant à la patrie, armés de leurs sabres.

Le cortége, en cet ordre, ayant parcouru les principales rues de la ville, s'est rendu en la salle ordinaire de ses séances publiques, au ci-devant palais de justice, où étant arrivé, le buste de Lepelletier a été posé au-dessus du siége du président, au son d'une musique analogue à la circonstance, & très-bien exécutée.

Le buste posé, J. B. Vallet, président, a ouvert la séance par le discours suivant :

CITOYENS,

La cérémonie qui nous rassemble ici, est l'hommage que tout républicain doit à un citoyen généreux, qui, par ses vertus civiques & son zèle à soutenir le bien public, a succombé sous le fer d'un assassin.

Ce buste que vous voyez, est la représentation du vertueux Michel Lepelletier ; ce fidel représentant du peuple, cet habitant de la sainte Montagne, l'ami de l'égalité & de la liberté, l'ennemi juré des rois, qui vota la mort du dernier tyran français ; ce qui lui valut la haine des royalistes, qui jurèrent sa destruction.

Les ennemis de l'égalité armèrent un lâche assassin, dont la main guidée par les prêtres, indignés de voir qu'une sage philosophie a dévoilé leur imposture, à l'ombre de laquelle ils ont, jusqu'à présent, conduit les peuples à leur gré ; une main poussée par cette caste d'hommes pêtrie d'orgueil, d'avarice & de crimes, que l'on appeloit noble, a frappé Michel Lepelletier : il est mort ! que dis-je, il est mort ! non citoyens, il ne l'est pas : le coup qui l'a frappé, l'a fait voler à l'immortalité, a fait haïr les tyrans & aimer la liberté.

Respectables vétérans, vous dont la sagesse & l'expérience acquises par le nombre des années, le crime de l'assassinat commis sur la personne de Michel Lepelletier, ne détruit-il pas en vous la pitié funeste que vous pouviez avoir pour les rois, sous lesquels vous étiez habitués de vivre ? ne vous fait-elle pas haïr les tyrans & aimer la liberté ?

Vous citoyennes, meres, sœurs & amies de nos jeunes défenseurs, & vous-mêmes jeunes défenseurs, ne vous sentez-vous pas

la même haine contre les tyrans, & ne brû-
lez-vous pas de l'ardeur de la liberté ?

Réunissons-nous donc tous, & jurons, sur
le buste de Michel Lepelletier, haine aux des-
potes, guerre aux préjugés, & comme Lepelletier, votons la mort de tous les tyrans.

Le citoyen J. B. Volfius, évêque de la
Côte - d'or, & membre de la société, a prononcé le discours suivant :

CITOYENS,

Lorsque nous voyons les honneurs rendus
à l'un des plus ardens fondateurs de la république „ & au premier martyr de l'égalité
républicaine ; lorsque nous voyons l'enthousiasme d'un grand peuple lui ériger des monumens,
se presser autour de sa statue, & le consacrer
à une éternité de gloire, il nous semble que
nous sommes transportés dans les temps anciens,
dans l'une de ces républiques de la Grèce,
où les fondateurs & les martyrs de la liberté,
étoient honorés comme des dieux, & où le
sentiment de l'égalité & de la dignité de l'homme
élevoit toutes les ames. Cet enthousiasme nous
annonce qu'une haine indestructible & profonde contre la tyrannie, anime tous les cœurs,
& que son règne est à jamais passé.

Lorfqu'un père promenoit fon fils à travers les rues d'Athènes, pour lui faire remarquer les monumens élevés à la gloire des grands hommes, tout à coup s'arrêtant fur la place publique : » vois-tu, lui difoit-il, ces deux ftatues; » adore-les, mon fils; ce font celles de deux ci- » toyens vertueux qui ont délivré leur patrie, » & qui ont cimenté de leur fang la liberté de » leur pays; ce font les premières qui ayent été » érigées : la patrie reconnoiffante inventa » de nouveaux honneurs pour payer le plus » grand des fervices; fi le génie de la liberté » a enfanté de fi grandes chofes dans ton pays, » s'il a produit tous ces héros dont tu t'enor- » gueillis d'être compatriote, c'eft à ces deux » hommes que nous en fommes redevables ». A ce difcours, un fentiment d'admiration & de reconnoiffance s'élevoit dans l'ame du jeune homme; une haine irréconciliable contre la tyrannie s'allumoit dans fon cœur !

Vertueux Lepelletier ! ton image fans ceffe expofée à la vue des citoyens, fera de même un perpétuel encouragement à la vertu, au dévouement pour la patrie, à tous les fen- timens nobles & généreux : ton nom lié à la deftruction de la tyrannie fera l'orgueil de ton pays, il fera immortel comme la république.

Et lorsqu'un jour, l'enfant interrogeant son père, lui demandera quel est ce buste, quelle est cette physionomie si intéressante & si douce; » ô, mon fils! lui dira-t-il, respectez le premier » martyr de notre liberté. Plus grand que ces » destructeurs des tyrans si vantés des anci- » ens, il a abattu celui qui avoit abusé de » la confiance & des bienfaits d'un peuple » généreux, pour le perdre; il l'a abattu, » non par une attaque personnelle, mais d'une » manière solemnelle & grande, avec le glaive » de la loi; & pour prix de son noble cou- » rage, une main parricide a plongé le fer » dans son sein : il a péri à la fleur de son âge, » lorsque ses talens, ses vertus, ses services, » une fortune brillante lui promettoient une » carrière glorieuse & fortunée. Ah ! ne le » plaignez pas, mon fils; son sang a scellé la » liberté. Qui de nous n'envieroit sa mort ? » Tous les tyrans de l'europe s'étoient ligués » contre nous; ils avoient juré d'exterminer » tous les français, s'ils ne pouvoient abolir » autrement la liberté, & ils ne doutoient pas » que leur coalition immense ne fît réussir leurs » projets; mais ils ne savoient pas combien » le génie de la liberté peut élever un peu- » ple & lui fournit de ressources. Le peuple

» français s'eſt levé tout entier : les tyrans
» ont fui ; ils ont diſparu de la terre de la
» liberté : bientôt leurs peuples qui s'étoient
» armés contre leurs propres droits, honteux
» de leurs funeſtes erreurs, las de verſer leur
» ſang pour ſatisfaire les paſſions, la vanité,
» l'ambition inſatiable & cruelle de quelques
» hommes ; témoins du bonheur de la France,
» ils ont imité ſon généreux exemple ; l'europe
» s'eſt affranchie du joug de ſes tyrans, & la
» France eſt devenue l'objet des bénédictions
» des peuples ».

Tel ſera, citoyens, le langage que nous
pourrons tenir à une époque qui ne ſauroit
être éloignée. L'hiſtoire, qui ſe plaira à pein-
dre la plus grande & la plus mémorable des
révolutions, tracera avec ſon burin éternel
les vertus de Lepelletier ; elle dira que, né
dans cette caſte orgueilleuſe qui ſe croyoit
d'une nature ſupérieure aux autres hommes ;
membre d'une de ces corporations qui regar-
doit comme un patrimoine de famille le droit
de décider de la vie & de la fortune des citoyens ; inveſti dès ſa naiſſance de tous les
préjugés qui corrompent la raiſon, il ſut con-
ſerver ſon ame libre & pure ; qu'uniquement
pénétré du ſentiment de la dignité de l'homme,

& de la touchante égalité, il fut inaccessible
à toutes les prétentions de la vanité ; que,
possesseur d'une fortune immense, il n'eut
point cette opinion de prééminence & de
grandeur attachées à la richesse ; qu'il fut l'ami
invariable du peuple, le défenseur le plus
intrépide de ses droits dans toute leur éten-
due : elle dira que son ame douce & humaine
savoit embrasser les mesures les plus énergi-
ques, lorsque le salut du peuple l'exigeoit ;
qu'il allia à la probité la plus scrupuleuse
la sensibilité d'un ami, le courage de l'ame,
& la simplicité de ces hommes antiques qui
étoient vertueux sans efforts, & faisoient de
grandes choses sans faste ; elle dira que,
jaloux de rendre le peuple digne de la liberté qu'il lui avoit procurée, il avoit tracé
pour lui un plan d'éducation étincelant d'i-
dées sublimes & digne d'un citoyen de cette
république célébre, où la plus étonnante ins-
titution sembloit avoir créé une nature nouvelle : elle racontera les circonstances de sa
mort, ce mouvement sublime qui lui fit par-
donner à son assassin ; les dernières paroles
sorties de sa bouche mourante, par lesquelles
il exprima le désir que son sang servît à consolider la liberté & l'égalité ; l'histoire enfin

peindra la douleur publique à la nouvelle de sa mort, les honneurs rendus à sa mémoire par une nation senfible, si touchante & si vraie dans l'expreffion de sa reconnoiffance, & à qui il eft si doux de faire du bien.

O, Lepelletier ! ombre vertueufe & chérie! du féjour que tu habites, porte tes regards sur nous; reçois nos hommages, vois tous tes frères, dans l'effufion de leur reconnoif-fance, contempler ton image & tes traits, se raffafier de ta vue, s'aggrandir & s'élever par la contemplation de tes vertus.

Mais, citoyens, il eft un hommage plus digne de Lepelletier; c'eft en imitant fes ver-tus que nous devons les honorer : voilà l'hom-mage que la patrie attend de nous; c'eft par leur conduite & par leurs mœurs, qu'il convient à des républicains de repréfenter l'ame d'un grand homme.

Lepelletier fut un républicain ardent, irré-conciliable ennemi de toutes les tyrannies : fon amour pour fon pays, fa fière élévation d'ame ne lui laiffèrent apercevoir dans le royalifme qu'un malheur pour le peuple & un afferviffement honteux. Je ne ferai point à mes frères l'injure de leur prouver que Lepelletier eut raifon. Le royalifme, cette abſurdité politique, eût-il jamais dû exiſter dans une conſtitution qu'on vouloit fonder ſur les droits de l'homme? Quelle inconſéquence n'étoit-ce pas d'annoncer que tous les hommes naiſſent égaux en droits, & d'établir enſuite une magiſtrature héréditaire? les Américains, qui les premiers conçurent ce trait de génie, de faire précéder leur conſtitution par une déclaration des droits, n'avoient-ils pas proſcrit la royauté dans un des articles de cette déclaration?

Mais il eſt, dans la criſe où nous ſommes, un autre ennemi dangereux du ſalut public; je veux parler du modérantiſme, non pas ſeulement de celui qui n'eſt qu'un calcul de l'égoïſme qui ſe ménage des reſſources & qui attend l'événement pour ſe décider, mais de celui qui vient d'une ame foiblement épriſe de l'amour de ſon pays, ſans énergie & ſans caractère, qui ne veut pas voir ou qui ſe diſſimule les dangers de la patrie. Ah! dans les premiers jours de la révolution, quoiqu'on ne pût eſpérer de converſion dans l'ariſtocratie, parce que la vanité & l'orgueil ſont des paſſions incurables, les ames généreuſes & confiantes furent excuſables de ſe livrer aux illuſions de la généroſité; mais aujourd'hui que des projets de deſtruc-

tion & de carnage, médités avec art, con-
duits avec une dissimulation profonde, enve-
loppent la France entière; aujourd'hui que
les rois ont formé, non pas une coalition
de forces, mais une coalition de crimes,
tout modérantisme n'est-il pas un crime contre le salut public? Ce n'est pas que j'approuve
ces mesures immorales que rien ne sauroit
justifier, cette férocité politique qui tend à
dégrader, à dénaturer le caractère d'une nation connue jusqu'à présent par une sensibilité douce & active; mais ne peut-on pas
allier la sensibilité de l'ame avec l'énergie &
la vigueur des mesures que commande le
salut public? L'homme vertueux qui fut
nommé le dernier des romains, celui qui
immola dans le capitole le plus illustre des
coupables, avoit-il donc un ame dure & féro-
ce? L'histoire nous apprend au contraire, qu'il
fut le plus doux & le plus sensible des hommes; il nous atteste lui-même dans ses lettres,
(1) qu'il étoit attaché à César, & que son

____

(1) V. lettre XVII de Brutus à Atticus, & lettre
XXV de Brutus à Cicéron. Le précis de ces deux
lettres se trouve dans ces paroles qu'un poëte met
dans la bouche de Brutus : » César étoit mon ami, je
le pleure; il avoit de grandes qualités, je l'admire;
mais il a voulu asservir sa patrie, je l'ai tué ».

action fut un sacrifice à la patrie de ses inclinations personnelles; & lorsque Lepelletier émit son opinion républicaine, croyons-nous qu'il n'éprouva pas ces déchiremens que les ames douces & sensibles ont ressentis? Mais il vit le salut de la patrie, il ne balança plus.

Aimons la patrie comme Lepelletier l'aima, comme l'aimoient les anciens avec lesquels il eut tant de ressemblance, & aucun sacrifice ne nous coûtera; nous aurons cette vigueur de l'ame qui fait faire & souffrir de grandes choses pour le bien public, & qui, dans les momens où il est besoin de frapper un grand coup, saisit avec empressement ces grandes mesures qui peuvent sauver la patrie.

La patrie! ah! les anciens dont je viens de parler, ne connoissoient rien de plus aimable & de plus sacré qu'elle; ce nom de patrie avoit pour eux je ne sais quoi de consolant & de tendre, on eût dit qu'il renfermoit une vertu secrète pour ranimer les plus foibles, pour donner du courage aux plus timides, pour enfanter des héros, pour opérer tous les prodiges. Tous les citoyens ne se regardoient que comme des soldats en faction, toujours obligés de veiller pour elle & de voler à son secours au moindre danger.

Les fages, les inftituteurs des nations, tous ceux qui s'occupoient du bonheur des hommes, alloient encore plus loin. Convaincus que, pour le maintien de la patrie, il faut encore plus compter fur la fainteté des mœurs que fur la beauté des lois ; que la guerre fourde & lente que les vices font aux mœurs eft plus funefte pour elle que les ligues des nations & les divifions inteftines ; ils vouloient qu'on opposât à la licence & aux vices qui tendent à tout détruire, les vertus qui tendent à tout rétablir ; ils établiffoient la néceffité des devoirs fur les principes de morale dont la chaîne éternelle & facrée remonte jufqu'à la divinité.

Perfuadé comme eux que les lois empruntent toutes leurs forces des mœurs, c'étoit dans ces vues que Lepelletier travailloit à fon plan d'éducation ; c'eft à cet ouvrage qu'il confacroit les momens que lui laiffoient fes devoirs politiques; c'eft-là qu'il fe délaffoit de fes travaux, & qu'il méditoit le bonheur des générations futures; c'eft dans ces méditations que la douce image de la régénération publique, venoit errer devant fes yeux, & qu'il goûtoit les plaifirs les plus purs.

O, Lepelletier ! ame noble & pure, ami de l'humanité & de la vertu, vrai citoyen, grand homme, toi qui ne respiras que le bonheur du peuple, & qui eus voulu embra-fer tous les cœurs de tous les amours hon-nêtes pour les rendre plus heureux, c'est à nous que tu consacras tes veilles & tes tra-vaux, c'est pour nous que ton sang a coulé ; tu nous as légué de grands souvenirs & de grands exemples, nous avons une grande dette à acquitter envers toi. Voici la recon-noissance que te consacrent des hommes li-bres, elle est digne de toi : NOUS JURONS D'IMITER TES VERTUS.

Discours prononcé par le citoyen Sauvageot, maire de la commune de Dijon, & membre de la société.

CITOYENS,

Quand un peuple veut briser ses fers, il lui faut des chefs éclairés, sages, désinté-ressés, infatigables ; Lepelletier en étoit un : son ardeur pour la liberté, sa constance à défendre l'humanité opprimée, son dédain pour les grandeurs d'une cour corrompue, son amour pour l'égalité, ses talens pour en propager les principes, sa promptitude à brûler ses titres de noblesse pour éclairer l'aurore de la liberté, tout le mettoit au rang des plus chauds amis du peuple.

Tant de vertus devoient lui susciter de nombreux & de puissans ennemis : les rois, les nobles & les prêtres coalisés jurèrent sa mort.

Ils n'osèrent pas, les lâches, le frapper eux-mêmes ; ils armèrent de leurs poignards des gardes du corps, des valets de cour.

Ils savoient bien que de tels personnages, accoutumés au brigandage & à l'assassinat, commettroient le plus grand de tous les crimes, celui d'ôter la vie à un représentant du peuple, au défenseur du genre humain.

Ils crurent qu'en enlevant à notre liberté naissante une de ses plus solides colonnes, son édifice alloit s'écrouler; ils se trompèrent : le sang de Lepelletier cimenta les fondemens de la république & enfanta une foule de héros pour la défendre; sa mort découvrit la perfidie des rois, alluma la haine du français contre ses tyrans couronnés & l'en dégoûta pour toujours.

La mort de Lepelletier ouvrit les yeux au peuple qui s'endormoit au bord de l'abîme que lui creusoient les traîtres en place, & où l'entraînoient insensiblement nos sirènes poli-

tiques, ces sophistes adroits, ces philosophes
astucieux qui n'ont secoué leurs chaines que
pour les lui faire porter un jour.

La mort de Lepelletier dégagea l'horison
politique des nuages qu'amonceloient chaque
jour l'égoïsme & la trahison.

Le peuple, débarrassé des imposteurs élo-
quens qui l'obsédoient, reconnut dans Lepelletier son véritable ami ; il vit dans ce
martyr de la liberté, l'homme qui, né au sein
des priviléges, des plaisirs & des richesses, &
n'ayant, par-là, pas besoin de la révolution
pour jouir des commodités de la vie, les
abandonna toutes pour les procurer à celui
qui, depuis tant d'années, végétoit servilement
aux pieds du riche.

Quel patriotisme ! Quelle générosité ! ah,
Lepelletier ! ta mort devoit-elle être le prix de
tant de sacrifices ? Fortune bisarre & injuste !
devois-tu nous l'enlever au moment où il
alloit sceller notre bonheur ? le voulois-tu
punir d'avoir purgé la France de ses rois ? voulois-tu, capricieuse que tu es, laisser encore
les français dans les fers ? Va ! tu n'as frappé
que son corps ; les vertus, que le temps &

toi ne peuvent détruire, feront les tableaux vivans de fon ame héroïque & populaire.

Son bufte, que nous portons aujourd'hui en triomphe, fera pour les tyrans la tête de Médufe, &pour les nations, l'emblême de la liberté; à fon afpect, le defpote pâlira d'effroi, & laiffera échapper fa puiffance; le peuple reffentira fon indignation & reprendra fon énergie.

Bufte chéri, image de la vertu, ombre de Lepelletier, refte à jamais parmi nous; tu y trouveras des hommes qui connoiffent, comme toi, le prix de l'indépendance; des français qui font, comme toi, prêts à verfer leur fang pour la défendre; des philofophes qui, comme toi, combattent les préjuges, & déteftent les rois; tu y trouveras des citoyens qui n'ont, comme toi, d'autre maître que la loi & ne portent d'autres liens que ceux de la fraternité.

Habite avec nous le féjour du patriotifme, tu y entendras chanter tes loüanges & raconter les actions de ceux qui marchent fur tes pas; ne nous quitte plus, nos cœurs te font ouverts; ils doivent être ta demeure; ils font le temple de la liberté.

Autre prononcé par la citoyenne Delmaffe, préfidente de la fociété des citoyennes.

CITOYENS,

*Je fuis fatisfait de verfer mon fang pour la patrie, puifqu'il fervira à confolider la liberté & légalité, & à faire connoître fes ennemis. . . . *Ce font tes dernières paroles, ô Lepelletier ! & le fouhait qu'elles renferment s'accomplit chaque jour davantage : les ennemis de la patrie, les ennemis de la liberté & de l'égalité ne favent plus comment cacher leur deffeins pervers ; le royalifme trop long-temps déguifé fous les dehors du modérantifme, n'en impofe plus à perfonne ; le dernier acte du monftrueux pouvoir de la royauté, a été d'immoler en toi un des plus zélés partifans de la république ; & depuis ce temps, le royalifme eft par-tout en horreur, & les cris de *vive la république*, fe font entendre de toutes parts.

La tyrannie comptoit encore fur l'éternelle ignorance du peuple ; mais loin de la perpétuer en commandant ta mort, elle lui a deffillé les yeux : le fanatifme & l'idolâtrie ont difparu du fein même des ames foibles & pufillanimes, & le peuple trop long-temps trompé, trop long-temps le jouet de ces oppreffeurs civils & religieux, a recouvré en un inftant le flambeau de la raifon, cette lumière falutaire qui ne l'abandonnera plus.

Lepelletier, voilà ton triomphe! tu es mort pour la république, & tu feras immortel par elle.

Citoyens, que du fond de fa tombe, Michel Lepelletier entende nos fermens!

Son bufte eft devant nos yeux, jurons tous, en fa préfence, une haine implacable aux amis des rois, aux ambitieux, à la tyrannie, au modérantifme; jurons tous d'imiter fon courage, fes vertus, de maintenir de tout notre pouvoir la république, une, indivifible & démocratique, & que chacun de nous foit prêt à dire, comme Lepelletier à fon frère, *mon frère : je meurs content, je meurs pour la liberté de mon pays.*

Autre difcours prononcé le 24 février 1793, par la citoyenne Defmoulin, lors de la cérémonie funébre de Michel Lepelletier, célébrée au champ-de-mars par la commune de Dijon, & répété par la même à la féance du 18 août fuivant.

A LEPELLETIER.

Raffemblés autour des lugubres trophées du légiflateur mort pour la liberté, que de réflexions, ô citoyens, cet événement vous préfente! ... quel contrafte frappant!.... Ici c'eft un héros qui trop tôt privé de ſa dépouille mortelle, obtient ſans contrainte nos eſtimes & nos larmes, dignes prix de la vertu... Là ſont dans la fange, les reſtes mépriſables de Louis, ce monſtre qui teint du ſang de ſes concitoyens, & affamé de crimes, ſouffle encore après ſa mort la diſcorde dans l'Europe!... Deſtinée affreuſe! mais unique deſtinée des rois!.... Le noir ſouvenir de ſes attentats eſt tout ce qui lui reſte de ſa funeſte grandeur!... Son ame plaintive eſt livrée aux tourmens des furies vengereſſes : perſonne, non perſonne ne daigne adreſſer au ciel le moindre vœu pour ce dernier de nos tyrans.... Dieux immortels! combien eſt malheureux celui qui ſouille ſa vie par des forfaits!.... Son nom reſte à jamais en exécration....... Mais, ô toi immortel Lepelletier! ange tutélaire de la france, que ta vertu eſt ſublime!.... O quel tribut de louanges te dois-je au nom de ma patrie! l'encens de nos cœurs eſt pur, ta mémoire chère à tous les vrais français paſſera d'âge en âge à la poſterité la plus reculée; elle leur apprendra que tu ſcellas toi-même notre liberté de ton ſang, & nos derniers neveux béniront ta fermeté. O Lepelletier! ô héros de mon pays! c'eſt à nous que ta mort doit être utile, ton affaſſin s'eſt trompé ; ſors de la nuit des tombeaux, découvre à ce peuple immenſe & généreux, découvre ton flanc déchiré par le fer des complices de Louis; avance, ombre auguſte & ſacrée qui ſauvas ma patrie, vois ton triomphe, & viens recevoir le prix de ta vertu.......... O mes amis ! ô mes concitoyens! ce ne ſont plus des pleurs......... ce ne ſont plus des ſermens qu'il faut, c'eſt du courage....... c'eſt du ſang..... c'eſt le ſang des deſpotes & de leurs ſatellires....... Sachez par le crime de Pâris, ſachez ce que vous devez attendre de la haine des rois...... Il eſt encore un effort ſans quoi vous n'avez rien fait, ſans quoi vous avez travaillé vous-même à votre propre ruine & à votre ignominie......... Mais non : à ces mots, citoyens, vous ſentez vos entrailles friſſonner d'une juſte indignation ; la majeſté nationale bleſſée dans ſon auguſte repréſentant, appelle à grands cris la vengeance ſur la tête des tyrans....... Déjà je vois vos fronts briller d'une ſainte audace, elle me répond de la victoire; allez, partez où la gloire vous attend, la paix & la liberté ſeront le prix de votre courage & de votre reſpect pour les lois.

L'assemblée a arrêté qu'extrait du procès-verbal de cette séance seroit imprimé, ainsi que les cinq discours qui y ont été prononcés.

Fait à Dijon, en la séance publique de la société populaire, les jour & an susdits.

A DIJON, DE L'IMPRIMERIE DE LA VEUVE DEFAY.